Praticando INGLÊS

EXPEDIENTE

Fundador	**Italo Amadio** *(in memoriam)*
Diretora editorial	**Katia F. Amadio**
Editor	**Eduardo Starke**
Revisão	**Valquíria Matiolli**
Projeto gráfico	**Jefferson Ferreira**
Ilustrações	**Jaison Roberto Carvalho**
Ilustração de capa	**Waldomiro Neto**

Dados Internacionais de Catalogação na Publicação (CIP)
Angélica Ilacqua CRB-8/7057

```
Ferreira, Jefferson
    Praticando inglês / Jefferson Ferreira ; ilustrações de
Jaison R. Carvalho. -- São Paulo : Rideel, 2019.
    80 p. : il.

ISBN 978-85-339-5598-1

1. Língua inglesa (Ensino infantil) I. Título II. Carvalho,
Jaison R.

19-1043                                               CDD 428.24
```

Índices para catálogo sistemático:

1. Língua inglesa (Ensino infantil)

© Direitos de publicação reservados à

EDITORA RIDEEL — **BICHO ESPERTO**

Av. Casa Verde, 455 – Casa Verde
CEP 02519-000 – São Paulo – SP
e-mail: sac@rideel.com.br
www.editorarideel.com.br

Proibida a reprodução total ou parcial desta obra, por qualquer meio ou processo, especialmente gráfico, fotográfico, fonográfico, videográfico, internet. Essas proibições aplicam-se também às características de editoração da obra. A violação dos direitos autorais é punível como crime (art. 184 e parágrafos, do Código Penal), com pena de prisão e multa, conjuntamente com busca e apreensão e indenizações diversas (artigos 102, 103, parágrafo único, 104, 105, 106 e 107, incisos I, II e III, da Lei n. 9.610, de 19/02/1998, Lei dos Direitos Autorais).

ABDR – EDITORA AFILIADA

Praticando INGLÊS

LEARNING NUMBERS

ONE
UM

AS PALAVRAS EM AZUL ESTÃO EM INGLÊS, E AS VERMELHAS EM PORTUGUÊS. APROVEITE OS ESPAÇOS EM BRANCO PARA REESCREVER A PALAVRA EM INGLÊS E PRATICAR!

ONE ELEPHANT

UM ELEFANTE

_____

1

TWO
DOIS

TWO TURTLES
DUAS TARTARUGAS

_____

2

THREE
TRÊS

THREE DOLPHINS
TRÊS GOLFINHOS

3

FOUR
QUATRO

FOUR DOGS
QUATRO CACHORROS

4

FIVE
CINCO

FIVE OWLS
CINCO CORUJAS

5

SIX
(SEIS)

SIX BEARS
SEIS URSOS
_____

6

SEVEN
SETE

SEVEN CATS
SETE GATOS

7

EIGHT
OITO

EIGHT BEES
OITO ABELHAS
_____

8

NINE
NOVE

NINE BIRDS
NOVE PÁSSAROS
_____

9

TEN
DEZ

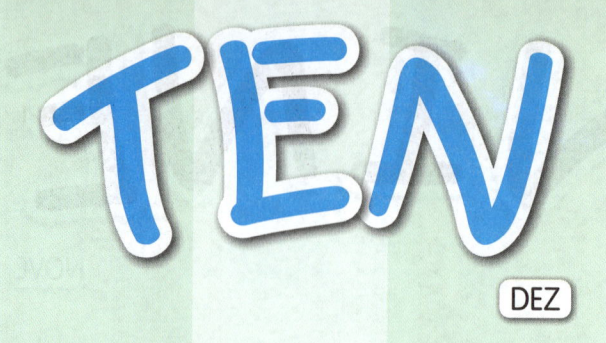

TEN LADYBUGS
DEZ JOANINHAS

_____

10

LIGANDO OS PONTOS!

LIGUE OS PONTOS, SEGUINDO A ORDEM DOS NÚMEROS, E DESENHE A JUBA DO NOSSO AMIGO LEÃO. CAPRICHE!

- NINE
- TEN
- ONE
- TWO
- THREE
- FOUR
- FIVE
- SIX
- SEVEN
- EIGHT

COLORS AND SHAPES

RED

VERMELHO

AS PALAVRAS EM AZUL ESTÃO EM INGLÊS, E AS VERMELHAS EM PORTUGUÊS. APROVEITE OS ESPAÇOS EM BRANCO PARA REESCREVER A PALAVRA EM INGLÊS E PRATICAR!

LADYBUG
JOANINHA
_____

RED LIPSTICK
BATOM VERMELHO
_____

APPLE
MAÇÃ
_____

STRAWBERRY
MORANGO
_____

RED BALLOON
BALÃO VERMELHO
_____

MOUTH
BOCA
_____

WATERMELON
MELANCIA
_____

YELLOW

AMARELO

BANANA
BANANA
_____

MELON
MELÃO
_____

SUN
SOL
_____

FLOWER
FLOR
_____

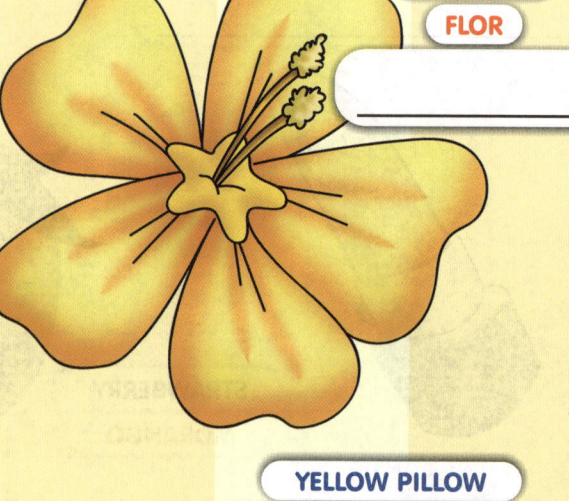

YELLOW PILLOW
TRAVESSEIRO AMARELO
_____

CASHEW
CAJU
_____

GREEN
VERDE

PARROT
PAPAGAIO
_____

FROG
SAPO
_____

TURTLE
TARTARUGA
_____

PEAR
PERA
_____

LEAF
FOLHA
_____

LEMON
LIMÃO
_____

GREEN BALLOON
BALÃO VERDE
_____

BLUE
AZUL

BLUE EYE
OLHO AZUL
_____

DROP
GOTA
_____

BLUE PENCIL
LÁPIS AZUL
_____

BLUE CAP
BONÉ AZUL
_____

BLUE BIRD
PÁSSARO AZUL
_____

BLUE BUTTERFLY
BORBOLETA AZUL
_____

BLUE BALLOON
BALÃO AZUL
_____

ORANGE
LARANJA

ORANGE
LARANJA

SLIPPER
CHINELO

ORANGE FLOWER
FLOR LARANJA

ORANGE BALLOON
BALÃO LARANJA

PAPAYA
MAMÃO

PURPLE
ROXO

PURPLE FLOWER
FLOR ROXA
_____

GRAPES
UVAS
_____

PURPLE ICE CREAM
SORVETE ROXO
_____

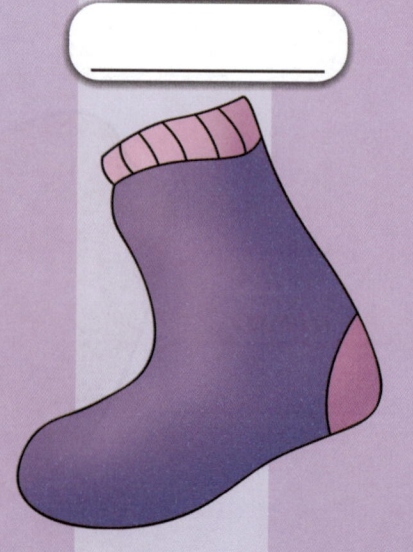

PURPLE SOCK
MEIA ROXA
_____

PURPLE BALLOON
BALÃO ROXO
_____

PURPLE TRAINERS
TÊNIS ROXO
_____

GREY
CINZA

MOUSE
RATO

ROCK
ROCHA

CLOUD
NUVEM

GREY BALLOON
BALÃO CINZA

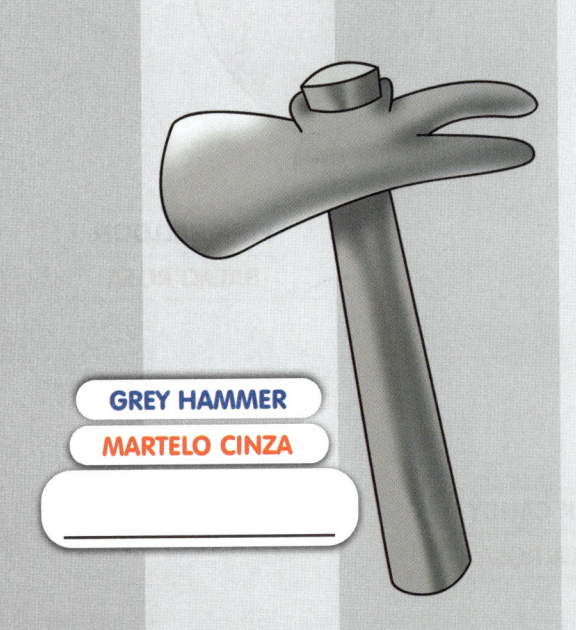

GREY HAMMER
MARTELO CINZA

GREY SHORTS
BERMUDA CINZA

PINK
ROSA

ROSE
ROSA
_____

PINK DRESS
VESTIDO ROSA
_____

PINK RIBBON
LAÇO ROSA
_____

PINK BALLOON
BALÃO ROSA
_____

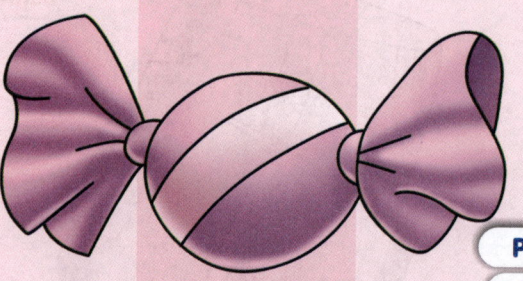

PINK CANDY
BALA ROSA
_____

BLACK
PRETO

CAT
GATO
_____

UMBRELLA
GUARDA-CHUVA
_____

BOOK
LIVRO
_____

BLACK PENCIL
LÁPIS PRETO
_____

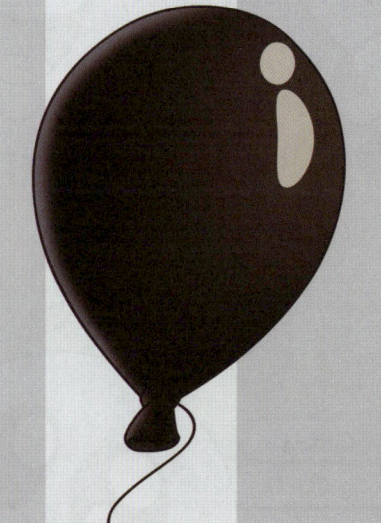

BLACK BALLOON
BALÃO PRETO
_____

BLACK T-SHIRT
CAMISETA PRETA
_____

SHAPE

FORMAS

RECTANGLE
RETÂNGULO
_____

SQUARE
QUADRADO
_____

STAR
ESTRELA
_____

CIRCLE
CÍRCULO
_____

HEART
CORAÇÃO
_____

COMPLETANDO A SEQUÊNCIA!

DESENHE A FORMA QUE CONTINUA A SEQUÊNCIA. DEPOIS, ESCREVA O NOME EM INGLÊS DELA NA LINHA ABAIXO.

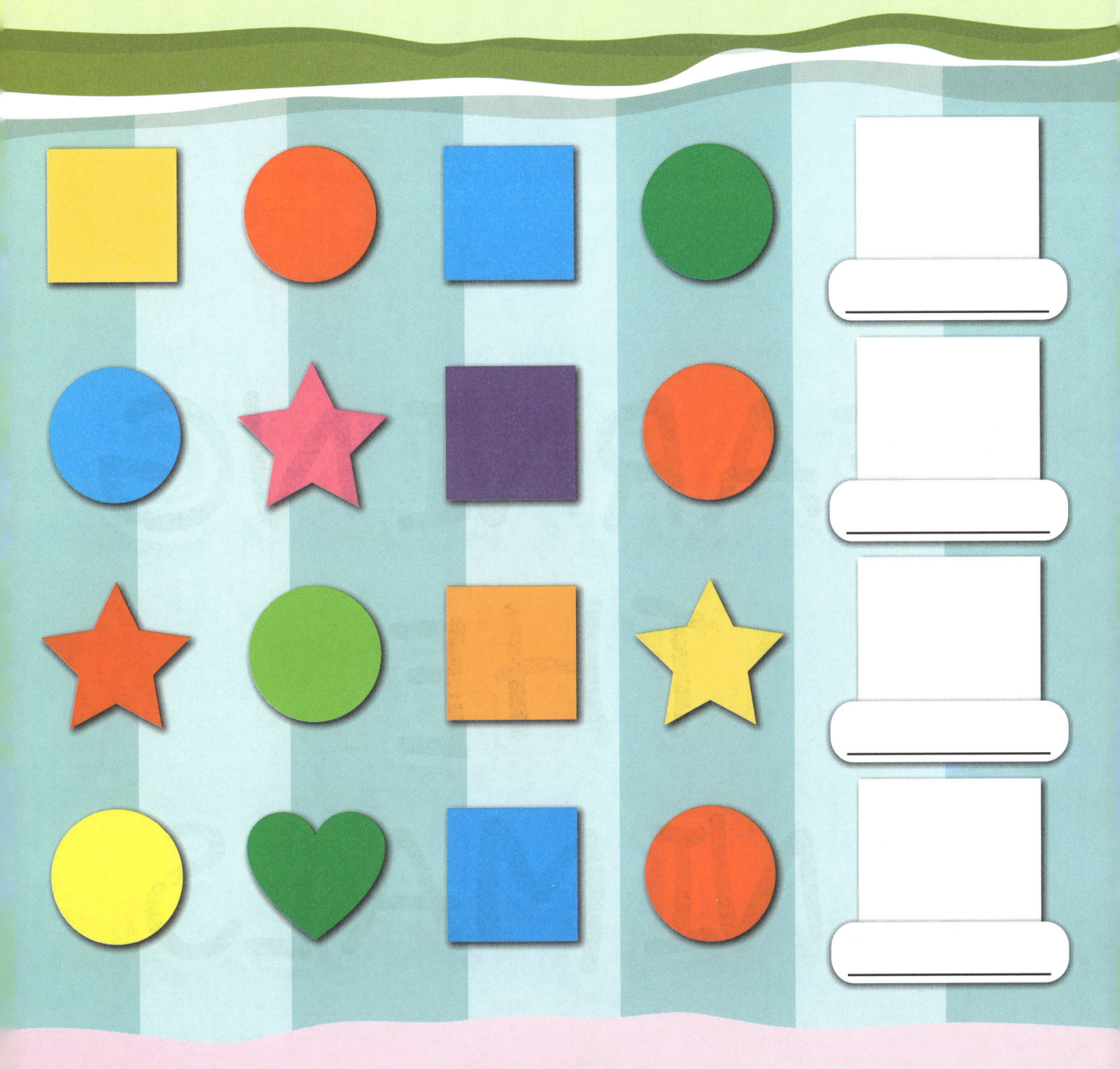

TREINANDO!

CUBRA AS LINHAS TRACEJADAS E APRENDA MAIS UMA FORMA EM INGLÊS.

TRIANGLE

TRIÂNGULO

RESPOSTAS: 1. SQUARE, STAR, CIRCLE, HEART. 2. TRIANGLE.

LEARNING THE ANIMALS

FARM

FAZENDA

AS PALAVRAS EM AZUL ESTÃO EM INGLÊS, E AS VERMELHAS EM PORTUGUÊS. APROVEITE OS ESPAÇOS EM BRANCO PARA REESCREVER A PALAVRA EM INGLÊS E PRATICAR!

COW
VACA
_____

HORSE
CAVALO
_____

PIG
PORCO
_____

DOG
CACHORRO
_____

DONKEY
BURRO
_____

HEN
GALINHA
_____

CAT
GATO
_____

FISH
PEIXE
_____

SHEEP
OVELHA
_____

MOUSE
RATO
_____

DIVERSÃO COM NOVAS PALAVRAS!

VAMOS VER SE VOCÊ PRESTOU ATENÇÃO! ABAIXO, TEMOS ALGUMAS COISAS QUE OS ANIMAIS DA FAZENDA ADORAM! LIGUE O NOME DO ANIMAL AO DESENHO CORRESPONDENTE. APROVEITE PARA APRENDER MAIS ALGUMAS PALAVRAS EM INGLÊS!

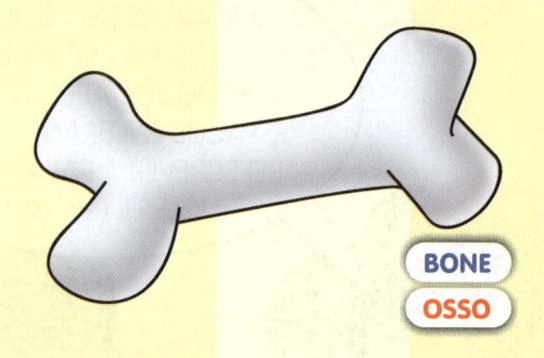

PIG

MOUSE

HORSE

DOG

- BONE / OSSO
- GRASS / GRAMA
- CHEESE / QUEIJO
- MUD / LAMA

RESPOSTAS: PIG - MUD; MOUSE - CHEESE; HORSE - LAWN; DOG - BONE.

COMPLETANDO E LIGANDO!

COMPLETE CADA PALAVRA COM AS LETRAS QUE FALTAM.
DEPOIS, LIGUE CADA ANIMAL AO SEU DESENHO. CUIDADO PARA NÃO SE CONFUNDIR!

C_W   D_NK_Y   _OR_E   FI_H

TREINANDO!

HÁ OUTROS ANIMAIS QUE PODEM VIVER NA FAZENDA. CUBRA AS LETRAS TRACEJADAS E APRENDA OS NOMES EM INGLÊS DELES.

TURTLE — TARTARUGA

PARROT — PAPAGAIO

ROOSTER — GALO

BIRD — PÁSSARO

RESPOSTAS: 1. COW, DONKEY, HORSE, FISH. 2. TURTLE, PARROT, ROOSTER, BIRD.

OCEAN

OCEANO

OCTOPUS
POLVO

DOLPHIN
GOLFINHO

PUFFERFISH
BAIACU

SEAHORSE
CAVALO-MARINHO

SHRIMP
CAMARÃO

CLOWNFISH
PEIXE-PALHAÇO

CRAB
CARANGUEJO

RAY
ARRAIA
_____

SHARK
TUBARÃO
_____

WHALE
BALEIA
_____

TURTLE
TARTARUGA
_____

STARFISH
ESTRELA-DO-MAR
_____

TOUCAN
TUCANO
_____

EAGLE
ÁGUIA
_____

ELEPHANT
ELEFANTE
_____

TIGER
TIGRE
_____

KANGAROO
CANGURU
_____

LION
LEÃO
_____

CROCODILE
CROCODILO
_____

FROG
SAPO
_____

JUNGLE

SELVA

BAT
MORCEGO
_____

MONKEY
MACACO
_____

SNAKE
COBRA
_____

PANTHER
PANTERA
_____

GIRAFFE
GIRAFA
_____

SQUIRREL
ESQUILO
_____

BUGS AND ARACHNIDS
INSETOS E ARACNÍDEOS

BEE
ABELHA

ANT
FORMIGA

SCORPION
ESCORPIÃO

FLY
MOSCA

LADYBUG
JOANINHA

BEETLE
BESOURO

SPIDER
ARANHA

BUTTERFLY
BORBOLETA

ENCONTRANDO OS ERROS!

FALTA UMA PARTE DO CORPO DE UM DOS BICHOS DE CADA GRUPO. DESCUBRA O QUE FALTA E CIRCULE AQUELE QUE APRESENTA O ERRO.

RESPOSTAS: ABELHA DO MEIO, ARANHA DA ESQUERDA, FORMIGA DA DIREITA, JOANINHA DO MEIO.

FREEZING
CONGELANDO

POLAR BEAR
URSO POLAR
_____

WOLF
LOBO
_____

ALBATROSS
ALBATROZ
_____

BEAR
URSO
_____

SEAL
FOCA
_____

PENGUIN
PINGUIM
_____

SEA LION
LEÃO-MARINHO
_____

MY FIRST WORDS

AS PALAVRAS EM AZUL ESTÃO EM INGLÊS, E AS VERMELHAS EM PORTUGUÊS. APROVEITE OS ESPAÇOS EM BRANCO PARA REESCREVER A PALAVRA EM INGLÊS E PRATICAR!

A

APPLE
MAÇÃ
_____

AIRPLANE
AVIÃO
_____

ANT
FORMIGA
_____

ALLIGATOR
JACARÉ
_____

B

BALL
BOLA
_____

BOY
MENINO
_____

BOOK
LIVRO
_____

BUS
ÔNIBUS
_____

C

CAR
CARRO

COW
VACA

CHAIR
CADEIRA

CLOUD
NUVEM

D

DRESS
VESTIDO

DOOR
PORTA

DAY
DIA

DOG
CACHORRO

E

EARTH — TERRA

ELEPHANT — ELEFANTE

EAGLE — ÁGUIA

EAR — ORELHA

F

FIRE — FOGO

FLOWER — FLOR

FATHER — PAPAI

FISH — PEIXE

G

GUITAR
VIOLÃO
_____

GLUE
COLA
_____

GRAPES
UVAS
_____

GLASSES
ÓCULOS
_____

H

HOUSE
CASA
_____

HAT
CHAPÉU
_____

HEART
CORAÇÃO
_____

HORSE
CAVALO
_____

I

ICE
GELO
_____

ICE CREAM
SORVETE
_____

IRON
FERRO
_____

INK
TINTA
_____

J

JEWEL
JOIA
_____

JUG
JARRO
_____

JUICE
SUCO
_____

JAM
GELEIA
_____

K

KEY
CHAVE
_____

KANGAROO
CANGURU
_____

KNIFE
FACA
_____

KISS
BEIJO
_____

L

LEMON
LIMÃO
_____

LOVE
AMOR
_____

LION
LEÃO
_____

LIGHT BULB
LÂMPADA
_____

M

MONKEY
MACACO

MAN
HOMEM

MILK
LEITE

MOTHER
MAMÃE

N

NEWSPAPER
JORNAL

NOISE
NARIZ

NIGHT
NOITE

NURSE
ENFERMEIRA

O

OCTOPUS
POLVO

ORANGE
LARANJA

OWL
CORUJA

OCEAN
OCEANO

P

PEN
CANETA

POTATO
BATATA

PIG
PORCO

PENCIL
LÁPIS

Q

QUEEN
RAINHA
_____

QUILL
PENA
_____

QUILT
COLCHA
_____

R

RICE
ARROZ
_____

RABBIT
COELHO
_____

ROOF
TELHADO
_____

RUN
CORRIDA
_____

S

SHARK
TUBARÃO

SALT
SAL

STREET
RUA

SUN
SOL

T

TIGER
TIGRE

TONGUE
LÍNGUA

TABLE
MESA

TOY
BRINQUEDO

U

UNIVERSITY
UNIVERSIDADE

UNCLE
TIO

US
NÓS

UMBRELLA
GUARDA-CHUVA

V

VACATION
FÉRIAS

VASE
VASO

VEHICLE
VEÍCULO

VOICE
VOZ

W

WALLET
CARTEIRA
_____

WHALE
BALEIA
_____

WALL
MURO
_____

WOMAN
MULHER
_____

X

XMAS
NATAL
_____

XYLOPHONE
XILOFONE
_____

Y

YOU
VOCÊ
_____

YOUNG
JOVEM
_____

YES
SIM
_____

YELLOW
AMARELO
_____

Z

ZANY
BOBO
_____

ZEBRA
ZEBRA
_____

ZOO
ZOOLÓGICO
_____

ESCREVENDO E BRINCANDO!

VOCÊ CONSEGUE RECONHECER CADA DESENHO?
ESCREVA, NA LINHA CORRESPONDENTE, O NOME EM INGLÊS.

TREINANDO!

QUE TAL APRENDER MAIS ALGUMAS PALAVRAS EM INGLÊS?
CUBRA AS LETRAS TRACEJADAS E DESCUBRA AS PALAVRAS!

DINOSAUR — DINOSSAURO

CHILD — CRIANÇA

EGG — OVO

SOCK — MEIA

MOUSE — RATO

BED — CAMA

RESPOSTAS: 1. COW; HOUSE; PENCIL; TABLE; LION; BOOK. 2. DINOSAUR; CHILD; EGG; SOCK; MOUSE; BED.

COMPLETANDO!

TESTE O QUE VOCÊ APRENDEU COMPLETANDO AS PALAVRAS COM AS LETRAS QUE FALTAM.

AP_LE

FA_HER

MOT_ER

UNC_E

STRE_T

LO_E

NIG_T

FI_H

TREINANDO!

COM QUE LETRA COMEÇA O NOME DE CADA UM DESTES DESENHOS?

RESPOSTAS: 1. FATHER, APPLE, MOTHER, UNCLE, STREET, LOVE, NIGHT, FISH. 2. C, M, O, B, H, A.

MY HOUSE AND OTHER PLACES

MY HOUSE
MINHA CASA

LIVING ROOM
SALA

KITCHEN
COZINHA

BATHROOM
BANHEIRO

BEDROOM
QUARTO

LIVING ROOM

SALA

AS PALAVRAS EM AZUL ESTÃO EM INGLÊS, E AS VERMELHAS EM PORTUGUÊS. APROVEITE OS ESPAÇOS EM BRANCO PARA REESCREVER A PALAVRA EM INGLÊS E PRATICAR!

SHELF — ESTANTE
_____

DOOR — PORTA
_____

WALL — PAREDE
_____

PLANT — PLANTA
_____

WINDOW — JANELA
_____

TELEVISION — TELEVISÃO
_____

FIREPLACE — LAREIRA
_____

SOUND SYSTEM — APARELHO DE SOM
_____

CARPET — TAPETE
_____

SOFA — SOFÁ
_____

BOOK — LIVRO
_____

ARMCHAIR — POLTRONA
_____

TELEPHONE — TELEFONE
_____

FLOOR — CHÃO
_____

APRENDENDO E BRINCANDO!

O QUE MAIS VOCÊ PODE ENCONTRAR NA SALA?

MAGAZINE — REVISTA

NEWSPAPER — JORNAL

PICTURE — QUADRO

CUSHION — ALMOFADA

TREINANDO!

LIGUE CADA PALAVRA AO OBJETO RELACIONADO A ELA.

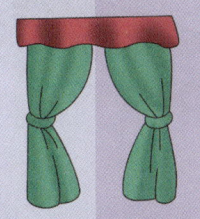

- TELEVISION
- FIREPLACE
- WINDOW
- SOUND SYSTEM

HEADPHONE — FONES DE OUVIDO

REMOTE CONTROL — CONTROLE REMOTO

FIREWOOD — LENHA

CURTAIN — CORTINA

RESPOSTAS: TELEVISION - REMOTE CONTROL, FIREPLACE - FIREWOOD, WINDOW - CURTAIN, SOUND SYSTEM - HEADPHONE.

KITCHEN
COZINHA

REFRIGERATOR / GELADEIRA

BLENDER / LIQUIFICADOR

MICROWAVE OVEN / FORNO MICRO-ONDAS

CUP / XÍCARA

PAN / PANELA

BOTTLE / GARRAFA

STOVE / FOGÃO

FORK / GARFO

PLATE / PRATO

KNIFE / FACA

SPOON / COLHER

TABLE / MESA

CHAIR / CADEIRA

APRENDENDO E BRINCANDO!
O QUE MAIS VOCÊ PODE ENCONTRAR NA COZINHA?

- CAKE / BOLO
- SUGAR / AÇÚCAR
- MILK / LEITE
- BREAD / PÃO

TREINANDO!
VOCÊ SABE O QUE SIGNIFICAM ESTAS PALAVRAS? ENTÃO, LIGUE-AS À SOMBRA CORRETA.

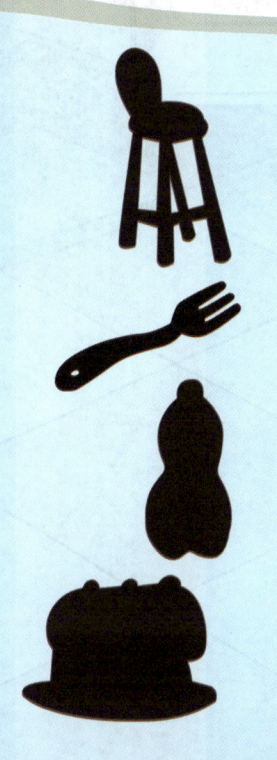

- CAKE
- BOTTLE
- CHAIR
- FORK

RESPOSTAS: CAKE - SOMBRA DO BOLO; BOTTLE - SOMBRA DA GARRAFA; CHAIR - SOMBRA DA CADEIRA; FORK - SOMBRA DO GARFO.

BATHROOM

BANHEIRO

SHOWER — CHUVEIRO

MIRROR — ESPELHO

TOWEL — TOALHA

FAUCET — TORNEIRA

COMB — PENTE

BRUSH — ESCOVA

TOILET PAPER — PAPEL HIGIÊNICO

BATHTUB — BANHEIRA

TOILET — VASO SANITÁRIO

GARBAGE — LIXO

FLOOR — CHÃO

APRENDENDO E BRINCANDO!
O QUE MAIS VOCÊ PODE ENCONTRAR NO BANHEIRO?

TOOTHPASTE
PASTA DENTAL
_____

RAZOR
APARELHO DE BARBEAR
_____

SHAMPOO
XAMPU
_____

WATER
ÁGUA
_____

TREINANDO!
AJUDE OS NOSSOS AMIGOS A ENCONTRAREM O CAMINHO ATÉ OS OBJETOS QUE ELES PRECISAM.

RAZOR

BRUSH

TOWEL

BEDROOM

QUARTO

- **CURTAIN** / CORTINA
- **LIGHT** / LUZ
- **COMPUTER** / COMPUTADOR
- **WARDROBE** / GUARDA-ROUPA
- **PILLOW** / TRAVESSEIRO
- **TEDDY BEAR** / URSO DE PELÚCIA
- **SHEET** / LENÇOL
- **CLOCK** / RELÓGIO
- **BLANKET** / COBERTOR
- **BED** / CAMA
- **VIDEOGAME** / VIDEOGAME
- **TOY** / BRINQUEDO
- **BOX** / CAIXA

APRENDENDO E BRINCANDO!

O QUE MAIS VOCÊ PODE ENCONTRAR NO QUARTO?

LAMPSHADE / ABAJUR

BAG / MOCHILA

TABLE / MESA

SHOE / SAPATO

TREINANDO!

CUBRA AS LETRAS TRACEJADAS E APROVEITE PARA APRENDER MAIS ALGUMAS PALAVRAS EM INGLÊS. NOTE QUE TODAS SE REFEREM A ROUPAS OU ACESSÓRIOS QUE VOCÊ ENCONTRA NO SEU GUARDA-ROUPA.

- T-SHIRT — CAMISETA
- SOCK — MEIA
- HAT — CHAPÉU
- PANTS — CALÇA

RESPOSTAS: T-SHIRT, SOCK, HAT, PANTS.

SCHOOL
ESCOLA

CLASSROOM
SALA DE AULA

BLACKBOARD
QUADRO-NEGRO

GLOBE
GLOBO

TEACHER
PROFESSORA

PAPER
PAPEL

GARBAGE
LIXO

STUDENT
ESTUDANTE

TREINANDO!

AJUDE O NOSSO AMIGO A LEVAR O MATERIAL CORRETO PARA A ESCOLA.
CIRCULE APENAS OS OBJETOS QUE ELE PRECISA NA SALA DE AULA.

- PEN / CANETA
- ERASER / BORRACHA
- DICTIONARY / DICIONÁRIO
- NOTEBOOK / CADERNO
- GUITAR / VIOLÃO
- PENCIL / LÁPIS
- SHARPENER / APONTADOR
- BOOK / LIVRO
- DOLL / BONECA
- RULER / RÉGUA
- BALL / BOLA
- GLUE / COLA
- SPONGE / ESPONJA

CAÇANDO PALAVRAS!

PROCURE NO DIAGRAMA AS PALAVRAS EM INGLÊS CORRESPONDENTES ÀS PALAVRAS EM PORTUGUÊS.

- LÁPIS
- ESCOLA
- PROFESSORA
- BORRACHA
- COLA
- LIVRO

```
T M T V H T O E A P E N C I L
E R U N A G U R S D E I N T F
F S I A S H T T F E D T M I O
G A X Q D J G L U E R O L O A
H G C K H N D O T C T M K E R
I Y B O O K S P E V S H O R T
O L N Y E A A D C B G F P A B
W J L O O E C L J N J D U S L
Q S C H O O L K P I L S Y E M
R F O A L I B M E O O A E R A
A R D S N K I T E A C H E R N
N E F D X L O U M R L Z A E C
```

RESPOSTAS: 1. PEN, ERASER, DICTIONARY, NOTEBOOK, PENCIL, SHARPENER, RULER, GLUE, BOOK. 2. PENCIL, SCHOOL, TEACHER, ERASER, GLUE, BOOK.

FARM
FAZENDA

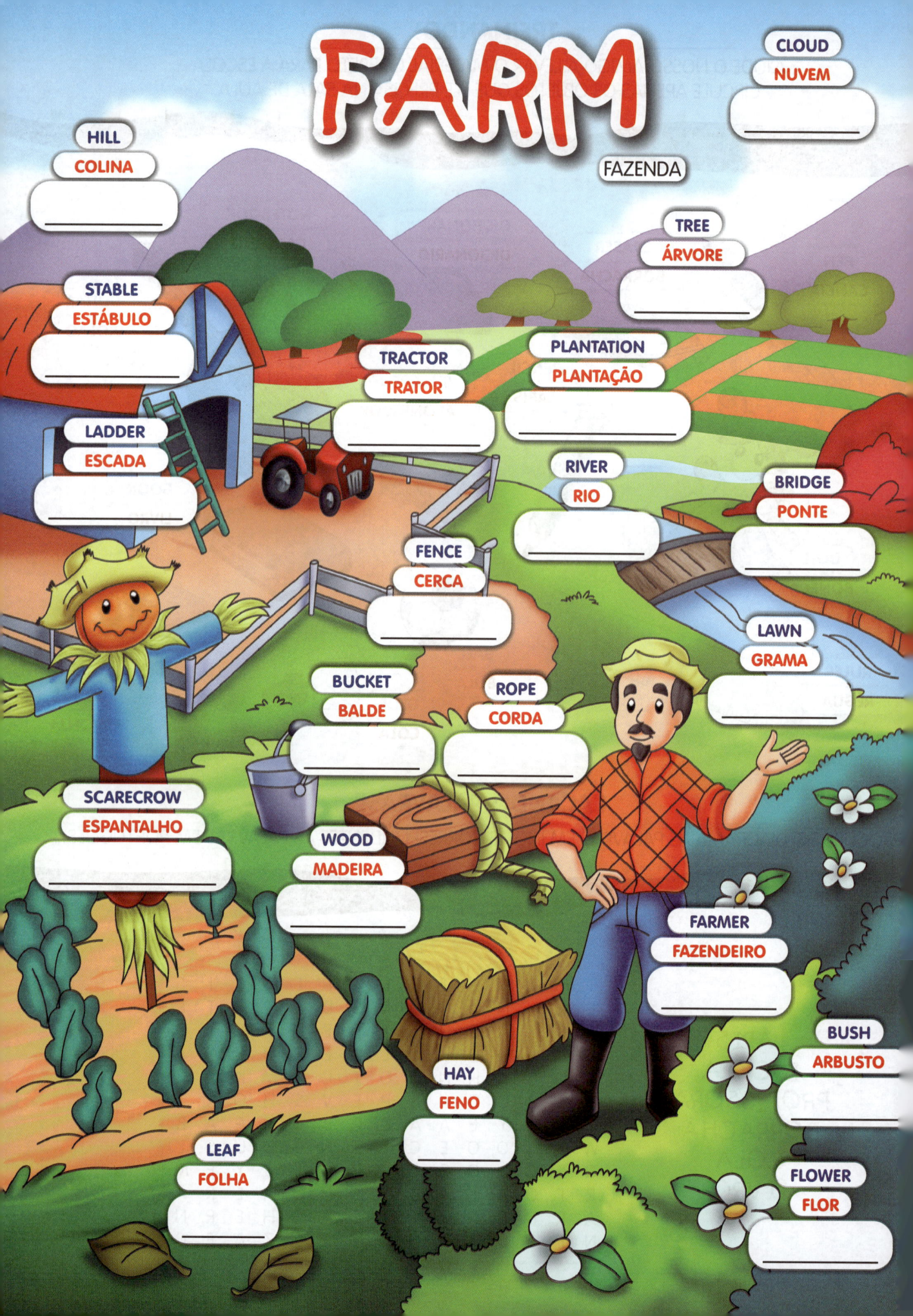

- CLOUD — NUVEM
- HILL — COLINA
- TREE — ÁRVORE
- STABLE — ESTÁBULO
- TRACTOR — TRATOR
- PLANTATION — PLANTAÇÃO
- LADDER — ESCADA
- RIVER — RIO
- BRIDGE — PONTE
- FENCE — CERCA
- LAWN — GRAMA
- BUCKET — BALDE
- ROPE — CORDA
- SCARECROW — ESPANTALHO
- WOOD — MADEIRA
- FARMER — FAZENDEIRO
- HAY — FENO
- BUSH — ARBUSTO
- LEAF — FOLHA
- FLOWER — FLOR

SETE ERROS!

ENCONTRE OS SETE ERROS ENTRE AS DUAS IMAGENS ABAIXO.
DEPOIS, ESCREVA-OS NOS ESPAÇOS, EM INGLÊS.

1. _____
2. _____
3. _____
4. _____
5. _____
6. _____
7. _____

RESPOSTAS: BUCKET, LADDER, ROPE, FLOWER, FENCE, CLOUD, TREE.

CITY

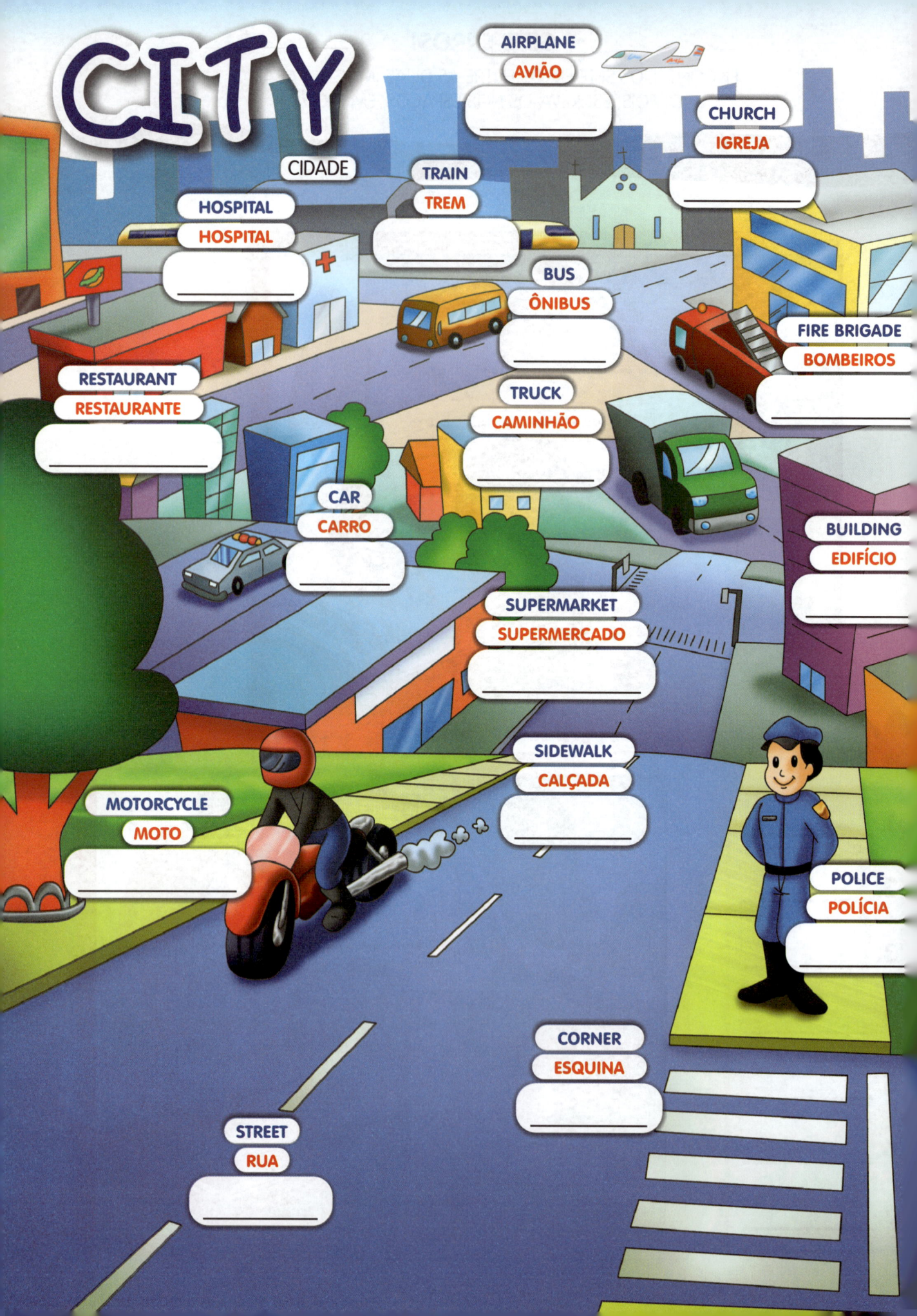

CIDADE

AIRPLANE
AVIÃO

CHURCH
IGREJA

HOSPITAL
HOSPITAL

TRAIN
TREM

BUS
ÔNIBUS

FIRE BRIGADE
BOMBEIROS

RESTAURANT
RESTAURANTE

TRUCK
CAMINHÃO

CAR
CARRO

BUILDING
EDIFÍCIO

SUPERMARKET
SUPERMERCADO

SIDEWALK
CALÇADA

MOTORCYCLE
MOTO

POLICE
POLÍCIA

CORNER
ESQUINA

STREET
RUA

COMPRANDO EM INGLÊS!

VAMOS VER O QUE VOCÊ APRENDEU ATÉ AQUI. CHEGANDO AO SUPERMERCADO, VOCÊ PRECISA PREENCHER A SUA LISTA DE COMPRAS COM OS VALORES DE CADA ITEM. PROCURE CADA OBJETO DA SUA LISTA NAS PRATELEIRAS E ANOTE O SEU PREÇO.

BOOK: $ _____   CUP: $ _____
PAN: $ _____   PANTS: $ _____
BRUSH: $ _____   VASE: $ _____
SLIPPERS: $ _____   DOLL: $ _____

RESPOSTAS: BOOK 9, PAN 3, BRUSH 2, SLIPPERS 1, CUP 1, PANTS 5, VASE 2, DOLL 8.

ME AND MY FAMILY

FAMILY
FAMÍLIA

AS PALAVRAS EM AZUL ESTÃO EM INGLÊS, E AS VERMELHAS EM PORTUGUÊS. APROVEITE OS ESPAÇOS EM BRANCO PARA REESCREVER A PALAVRA EM INGLÊS E PRATICAR!

MAN
HOMEM
_____

WOMAN
MULHER
_____

GIRL
MENINA
_____

BOY
MENINO
_____

MY BODY

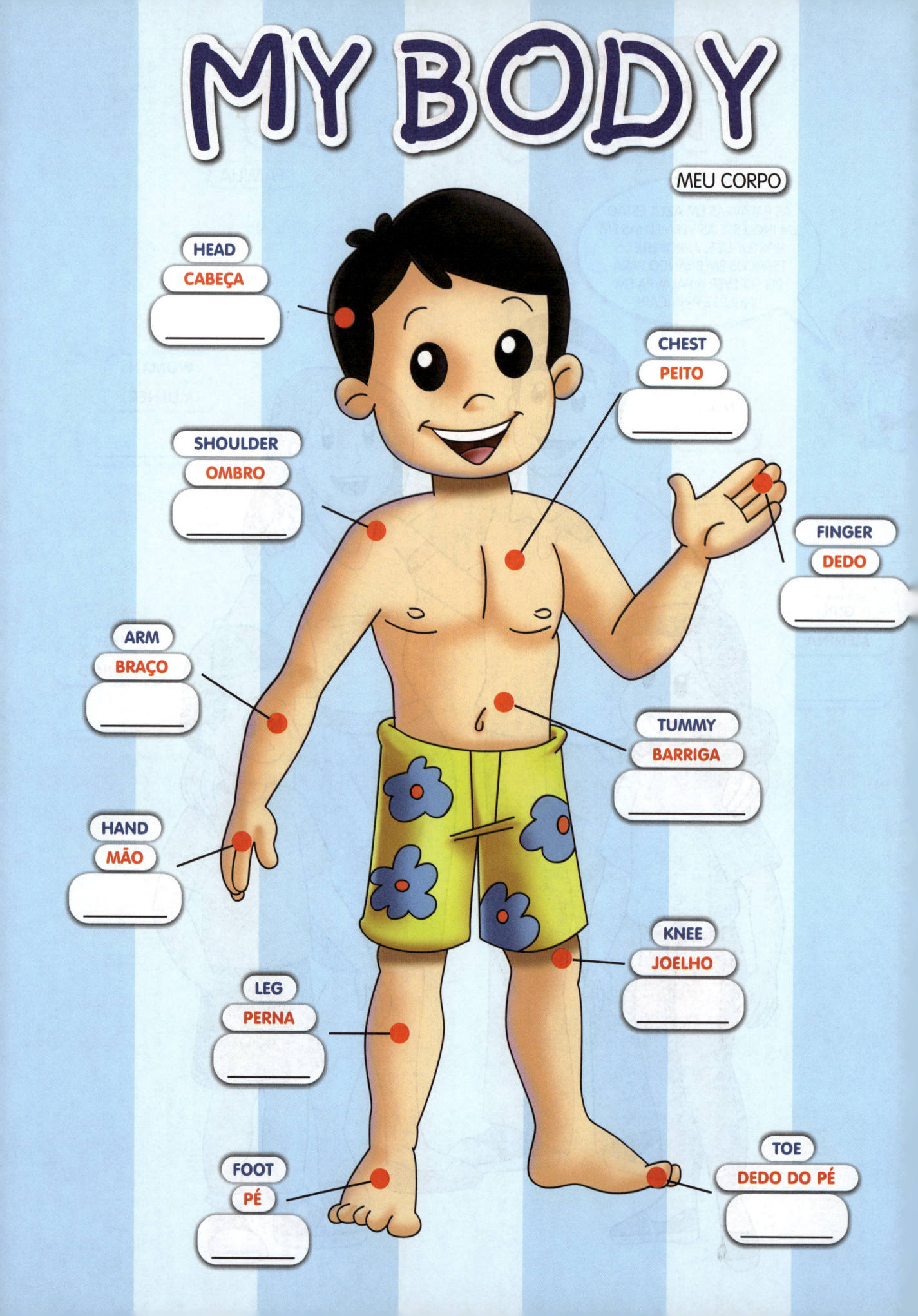

MEU CORPO

- **HEAD** — CABEÇA
- **SHOULDER** — OMBRO
- **ARM** — BRAÇO
- **HAND** — MÃO
- **LEG** — PERNA
- **FOOT** — PÉ
- **CHEST** — PEITO
- **FINGER** — DEDO
- **TUMMY** — BARRIGA
- **KNEE** — JOELHO
- **TOE** — DEDO DO PÉ

MY FACE

MEU ROSTO

- **FOREHEAD** — TESTA
- **HAIR** — CABELO
- **EYEBROW** — SOBRANCELHA
- **EYE** — OLHO
- **CHEEK** — BOCHECHA
- **EAR** — ORELHA
- **TONGUE** — LÍNGUA
- **NOSE** — NARIZ
- **MOUTH** — BOCA
- **LIPS** — LÁBIOS
- **TOOTH** — DENTE
- **CHIN** — QUEIXO

PARTES DO CORPO!

VOCÊ SE LEMBRA DE CADA PARTE DO CORPO? PREENCHA, EM INGLÊS, OS ESPAÇOS CORRESPONDENTES.

RESPOSTAS: EYE, EAR, TUMMY, HAND, ARM, FOOT.

ENCONTRE AS PALAVRAS!

ENCONTRE NO DIAGRAMA ALGUMAS PARTES DO CORPO. MAS, LEMBRE-SE: ELAS ESTÃO EM INGLÊS.

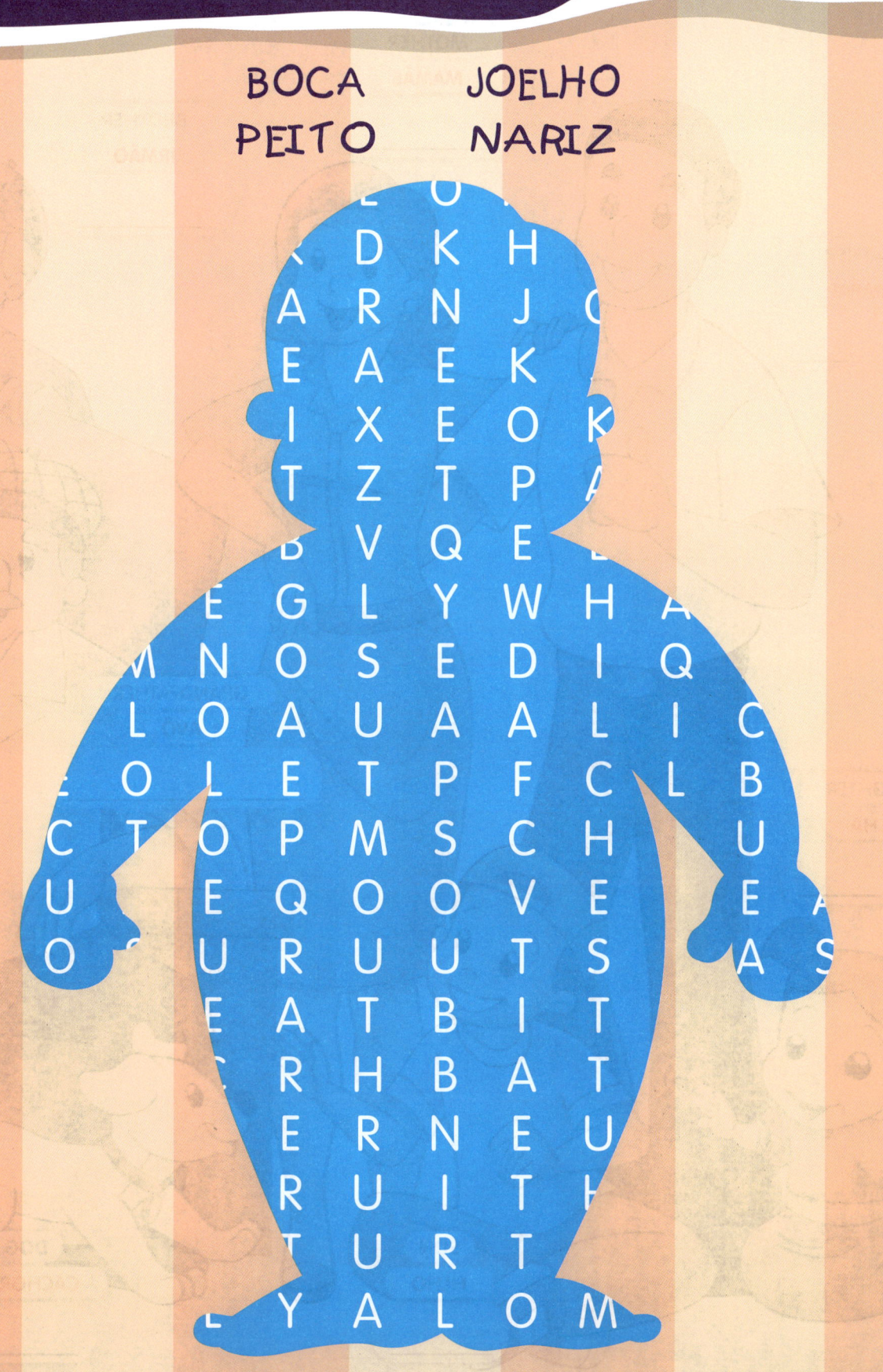

BOCA JOELHO PEITO NARIZ

RESPOSTAS: MOUTH, KNEE, CHEST, NOSE.

FAMILY

MOTHER
MAMÃE

BROTHER
IRMÃO

FATHER
PAPAI

GRANDFATHER
AVÔ

DAUGHTER
FILHA

SON
FILHO

DOG
CACHORRO

PICTURE

FOTO DE FAMÍLIA

FRIEND
AMIGA

AUNT
TIA

UNCLE
TIO

GRANDMOTHER
AVÓ

GRANDSON
NETO

COUSIN
PRIMA

CLOTHES

ROUPAS

- **HAT** — CHAPÉU
- **COAT** — CASACO
- **DRESS** — VESTIDO
- **PAJAMAS** — PIJAMA
- **TRAINERS** — TÊNIS
- **SLIPPERS** — CHINELOS
- **GLOVES** — LUVAS
- **SKIRT** — SAIA
- **BLOUSE** — BLUSA
- **JEANS** — JEANS
- **SWEATER** — SUÉTER
- **PANTS** — BLUSA
- **SHOES** — SAPATOS
- **SOCKS** — MEIAS
- **UNDERWEAR** — ROUPA ÍNTIMA